ORDRE DES AVOCATS

AU CONSEIL D'ÉTAT ET A LA COUR DE CASSATION

DE LA RÉPARATION

DES

ERREURS JUDICIAIRES

DISCOURS

PRONONCÉ

A la séance de rentrée de la Conférence du Stage des Avocats à la Cour de Cassation

le 12 novembre 1892

PAR

MAXIME LEGENDRE

Docteur en Droit

Avocat à la Cour d'Appel.

(Imprimé aux frais de l'Ordre.)

DE LA RÉPARATION

DES

ERREURS JUDICIAIRES

MONSIEUR LE PRÉSIDENT,

MESSIEURS,

MES CHERS CONFRÈRES,

Si les erreurs de la justice sont rares, il est sage néanmoins de les prévoir et d'étudier dans quelle mesure la Société doit en porter la responsabilité.

Le nom de Lesurques, condamné à mort pour un crime qu'il n'avait pas commis, est demeuré célèbre. Le supplice de cet honnête homme, les infortunes de sa veuve et de ses enfants, la confiscation de ses biens ne demandaient-ils pas une réparation? Et sans insister sur ces erreurs lamentables qui émeuvent à bon droit l'opinion publique, la Société n'a-t-elle aucun devoir à remplir envers l'innocent qu'elle a arrêté et poursuivi? Peut-elle lui imposer sans dédommagement, avec la perte de ses moyens d'existence et de sa position sociale, le sacrifice de biens inestimables tels que la liberté, l'honneur?

Il résulte de la dernière statistique criminelle (année 1888) que les poursuites intentées contre 10,654 individus se sont terminées par des décisions de non-lieu. Parmi les prévenus acquittés ou renvoyés des fins de l'action publique, 9,003 ont subi une détention préventive d'une durée moyenne de huit jours. Tous n'étaient pas coupables.

L'Etat sera-t-il indifférent aux souffrances morales, au dommage matériel qu'éprouvent les innocents arrêtés et traduits en justice sur de simples soupçons reconnus plus tard mal fondés? Telle est la question que je me propose d'examiner, Messieurs, sans revendiquer pour ce travail d'autre mérite que celui d'une certaine opportunité.

Le 7 avril dernier, la Chambre des députés a adopté une proposition de loi concernant la réparation des erreurs judiciaires. Le texte sorti de ses délibérations proclame le droit de toute personne indûment condamnée ou poursuivie de réclamer à l'Etat des dommages-intérêts que le juge doit allouer si la sentence de condamnation a été revisée, et qu'il est libre de refuser dans les autres cas.

Stimulé par l'initiative parlementaire, le gouvernement a déposé, le 28 juin, sur le bureau du Sénat, un projet qui accorde au condamné dont l'innocence a été proclamée dans une sentence de revision la faculté d'obtenir une indemnité. Le chiffre en est fixé directement par la Cour de Cassation lorsque celle-ci statue sans renvoi.

L'ordre des réflexions qu'il m'a paru utile de vous soumettre est le suivant : 1° base, nature et conditions du recours ouvert à l'innocent contre l'Etat; 2° législation et réglementation pratique.

I

Le principe de la réparation des erreurs judiciaires compte des partisans et des adversaires également convaincus.

Dans une communication faite il y a huit ans à l'Académie des sciences morales et politiques (1), M. Emile Worms, professeur à la Faculté de droit de Rennes, s'indignait à la pensée qu'on pût rendre l'Etat responsable des erreurs de la justice. A ses yeux « quand les magistrats, dont il ne faut jamais perdre de vue la mission préservatrice, ne peuvent être convaincus ni de prévarication, ni de passion, ni de négligence, et n'ont versé que dans des erreurs dont les témoignages entendus, les dénonciations faites et les circonstances sont plus responsables qu'eux-mêmes; quand d'ailleurs les lois se sont ingéniées à refouler les erreurs le plus loin possible et quand, par dessus tout, les lois sont l'expression de la volonté de tous, à telles enseignes que les citoyens puissent dire à bon droit : l'Etat, c'est nous, une action en responsabilité dirigée contre l'Etat pour des erreurs échappées à la faillibilité des juges constitue un non-sens, une anomalie, et le législateur ne pourrait l'accorder aux justiciables que comme une arme destinée à blesser ceux qui voudraient s'en servir. »

Ouvrez maintenant le traité de législation civile et pénale de Bentham (2) ou l'ouvrage si remarquable de

(1) *De l'Etat au regard des erreurs judiciaires*, Paris, Guillaumin, 1884.
(2) T. II, chap. 18.

M. Bonneville de Marsangy sur l'amélioration de la loi criminelle (1), la réparation des erreurs judiciaires y devient « une obligation si évidente qu'on l'obscurcit en voulant la démontrer »; « un de ces axiomes d'éternelle vérité qui n'admettent ni doute ni controverse. » « Et quelle dette plus légitime, dit encore M. Faustin Hélie, que celle d'une indemnité pour cet homme que la Société a humilié sous une accusation fausse, qu'elle a fait asseoir sur le banc des criminels, qu'elle a flétri de ses soupçons, qu'elle a arraché à ses affaires, à sa profession, à sa famille, pour lui donner des fers ! Quelle réparation plus sacrée que celle d'une si terrible injustice! Qui oserait dire que cette réputation polluée par le seul souffle de l'accusation, que ces inquiétudes, ces soucis dévorants qu'elle entraîne avec elle, ne réclament aucun dédommagement (2) ? »

L'égale assurance des partisans des deux systèmes semble faite pour déconcerter l'esprit. Et néanmoins, Messieurs, le choix est facile à qui veut bien considérer la nature des arguments invoqués de part et d'autre. Tandis que le premier système s'appesantit sur les prétendus inconvénients pratiques du second, sur les charges pécuniaires qui en résulteraient pour l'Etat, le dernier porte le débat sur son vrai terrain et se demande si la Société ne doit pas réparer les conséquences des erreurs qu'elle a commises.

L'innocent qui a été poursuivi à tort éprouve toujours un premier dommage, sa considération se trouve diminuée ; à ce dommage s'en ajoute souvent un autre d'ordre matériel. D'où la nécessité d'une double réparation.

(1) 1re partie, ch. 20.
(2) *Théorie du Code pénal*, 6e édition, t. I, n° 143.

En ce qui touche la réparation morale, pourrait-on nier l'obligation de l'Etat?

Lorsque la procédure ouverte contre un prévenu aboutit à la démonstration de son innocence, est-ce assez de clore l'instruction par une sentence qui, tout en renvoyant ce prévenu des fins de l'action publique, reste muette sur le motif du renvoi? L'honneur de la personne injustement poursuivie ne réclame-t-il pas une réparation proportionnée à l'affront qu'il a subi, une déclaration formelle d'innocence?

En France, le Juge de simple police, le Tribunal correctionnel, la Cour d'Appel ne peuvent acquitter un inculpé sans motiver leur décision, et les motifs exprimés constatent toujours l'innocence que les débats ont mise en lumière. Devant la Cour d'Assises il en va différemment. L'article 342 du Code d'instruction criminelle avertit les jurés que la loi ne leur demande pas compte des moyens par lesquels ils se sont convaincus; elle ne leur fait que cette seule question qui renferme toute la mesure de leurs devoirs : « Avez-vous une intime conviction? »

D'où la conséquence que l'accusé dont la culpabilité est douteuse doit bénéficier d'un verdict négatif et se trouve placé sur le même rang que celui dont l'innocence est certaine. Confusion regrettable, mais qui n'est rien cependant auprès de celle que le jury établit entre ce dernier et l'accusé coupable qu'il a acquitté par faiblesse, par pitié ou même par crainte. L'innocent n'est-il pas en droit d'exiger qu'on fasse cesser cet outrage, ce supplice, et qu'on le déclare publiquement étranger au crime à lui imputé?

Objecterait-on que, pour amener un accusé devant la Cour d'Assises, il faut un ensemble de circonstances, une série d'informations judiciaires qui permettent de discerner aisément l'innocent du coupable? Je pourrais répondre qu'il y a eu des erreurs certaines, citer les noms des victimes; mais négligeons cette considération. Les magistrats sont-ils infaillibles? Est-on sûr que le mandat d'arrêt aille toujours frapper un coupable? Est-il équitable qu'une fois l'information terminée, l'ordonnance du juge d'instruction et la sentence de la Chambre des mises en accusation usent de la même formule équivoque et méprisante à l'égard du prévenu dont l'innocence a été établie et de celui contre lequel il n'existe pas de charges suffisantes? La conscience ne s'indigne-t-elle pas de voir désigner l'un et l'autre comme absous au même titre?

Remarquez, Messieurs, que je ne fais ici ni le procès des magistrats, ni celui des lois pénales; la sagesse qui sait tout prévoir, la justice infaillible, ne sont pas le partage de l'homme. Celui qui a été arrêté, quoique innocent, souffre cruellement; il ne saurait cependant crier à l'injustice tant que la sentence n'a point été prononcée. Mais l'instruction est achevée, le juge a entre les mains les preuves de l'innocence du prévenu et il ne les révèle pas? La Société, alors qu'il est en son pouvoir de le faire, ne cherche pas à effacer la flétrissure portée par elle à l'honneur d'un de ses membres? Cela est impossible; au nom de quel principe une dette aussi sacrée ne serait-elle pas acquittée?

L'obligation de l'Etat est si évidente qu'on n'a point essayé de la combattre de front. Mais l'attaque indirecte qui lui a été livrée n'en a été ni moins vive ni moins habile.

Vous allez, disent plusieurs auteurs, créer deux sortes d'acquittements et de décisions de non-lieu. Le prévenu innocent ne sera rangé dans la première catégorie et réhabilité aux yeux de tous que s'il a pu fournir la preuve complète de sa justification ; dans le cas contraire, il fera partie de la seconde catégorie et sera marqué d'une véritable flétrissure (1).

On ne peut nier, Messieurs, qu'il soit dur de substituer à la présomption légale de non-culpabilité dont bénéficient aujourd'hui les innocents qui ne se sont pas justifiés pleinement une note particulière d'infamie. Mais remarquons que, quand on aura mis à part les prévenus qui auront prouvé complètement leur innocence, il ne restera plus guère que des coupables dont la participation au fait délictueux n'aura pu être suffisamment démontrée.

Admettons cependant qu'il y ait encore des innocents qui n'aient pas réussi à se justifier ; quelle est la cause de leur infortune ? Que ce soit ignorance de leur part, insuffisance des modes de preuve déterminés par la loi, défaut de clairvoyance du magistrat, la Société ne saurait être rendue responsable ; elle ne manque pas à la justice en déclarant que l'innocence d'un prévenu reste douteuse. Elle y manquerait, au contraire, si elle se refusait à proclamer l'innocence dûment constatée. Dans ce dernier cas, la présomption de non-culpabilité édictée aujourd'hui par la loi est insuffisante et trompeuse ; comme toute présomption, elle doit perdre son empire en face de la réalité.

(1) M. Villey voit surtout dans la seconde catégorie d'acquittements « un aveu d'impuissance de la justice sociale, qui n'ose frapper, faute de preuves suffisantes, un individu que les juges tiennent cependant pour coupable » (Note sous le n° 143 du tome 1er (6e édition) de la *Théorie du Code pénal* de M. Faustin Hélie). L'objection est peu fondée. L'impuissance de la justice sociale résulte de l'imperfection même des moyens humains ; elle apparaît aujourd'hui dans tous les arrêts d'acquittement des Cours d'assises, dans toutes les décisions de non-lieu qui laissent planer le doute sur le motif du renvoi des prévenus.

La distinction des prévenus acquittés en deux classes :
ceux qui ont été déclarés innocents et ceux qui ont été renvoyés des poursuites purement et simplement, soit à défaut de charges suffisantes, soit à cause du silence du
texte, n'est donc pas condamnée par l'équité ; elle est ra-
tionnelle et nécessaire dans une législation amie du progrès. « En théorie et en raison, écrit l'auteur d'un mémoire lu au Congrès des Sociétés savantes de 1888, M. R.
Nicolas, l'axiome d'après lequel tous les acquittés de-
vraient bénéficier d'une égale présomption de non-culpabilité ne nous apparaît pas avec le caractère d'une vérité
nécessaire, illimitée, que rien ne doive faire fléchir, et
nous hésitons à croire que l'ordre social exige impérieu-
sement qu'il n'y ait aucune différence entre les acquittements et que, pour éviter de jeter indirectement quelque
défaveur sur l'inculpé qui n'échappe à la répression que
grâce à un doute de fait ou à une lacune des textes, le
juge, mentant à sa conscience et refoulant les plus nobles
aspirations de son cœur, s'applique à dissimuler, dans les
termes vagues d'une formule invariable, l'innocence qu'il
a reconnue. Les choses humaines, les organisations sociales comportent toujours un mélange de bien et de mal,
et il faut se contenter d'accroître, autant que possible, la
somme du bien, de réduire le mal à une proportion de
plus en plus exiguë ; l'innocent qui n'a pu se justifier pleinement est certainement à plaindre, surtout si, comme
on peut l'admettre, sa situation se trouve, dans quelque
mesure, aggravée par la privation d'une réparation accordée à d'autres ; mais celui dont l'innocence est certaine, éclatante, ne serait-il pas plus à plaindre encore si
l'on devait sacrifier son intérêt indiscutable à celui de
l'inculpé dont l'innocence est, en définitive, restée dou-

teuse, et cela dans le seul but d'établir légalement entre eux une égalité de situation contredite par la réalité du fait? Si l'imperfection humaine fait que justice ne puisse être rendue à tous ceux qui la peuvent mériter, est-ce une raison suffisante pour la dénier à ceux qui ont fait preuve des titres les plus légitimes » (1).

La réforme consisterait, en résumé, Messieurs, à vouloir que toute décision mettant fin aux poursuites dirigées contre un innocent renfermât dans son dispositif la déclaration d'innocence insérée aujourd'hui dans les motifs des jugements des Tribunaux correctionnels. Il ne s'agirait point de créer une distinction nouvelle entre les prévenus acquittés, puisque le Code actuellement en vigueur permet aux juges d'allouer ou de refuser les dommages-intérêts réclamés aux parties civiles par ces prévenus qu'il classe ainsi en deux catégories distinctes. Cette disposition du Code, qui n'a jamais été critiquée, repose précisément sur le motif que nous invoquons, à savoir que l'innocent, et lui seul, a droit à la réparation du préjudice causé par la poursuite intentée contre lui.

La déclaration publique d'innocence est un devoir de justice, mais elle ne suffit pas.

L'inculpé a pu éprouver un préjudice matériel. Serait-il équitable qu'on lui refusât une compensation pécuniaire? Si la Société est tenue de réparer le dommage

(1) *Revue critique de législation et de jurisprudence*, 1888. p 553. M. de Ramel exprime la même idée dans un discours prononcé à la Chambre des Députés le 5 janvier 1892 : « On peut considérer, en effet, dit-il, l'état de notre législation comme imparfait en ce moment, parce que précisément l'acquittement de celui qui a confiné au crime et de celui qui y était totalement étranger est le même.... Loin de redouter que la nuance ou la différence entre ces deux situations apparût, je souhaiterais qu'elle fût révélée. » (*Journal officiel* du 6 janvier 1892.)

moral, comment échapperait-elle à l'obligation de réparer le dommage matériel? Chacun de ces dommages a la même cause, une erreur de la Société, une injustice, involontaire sans doute, mais certaine; quelle raison de les distinguer au point de vue de la réparation?

Sur le terrain de la loi naturelle et de l'équité la discussion ne paraît pas pouvoir s'ouvrir. C'est un devoir de justice pour l'Etat de réparer, dans la limite de ses moyens, l'injustice qu'il a commise envers l'innocent.

Objecterait-on ici encore que la Société a le droit et même le devoir de punir les crimes, qu'elle manquerait à sa mission si elle sacrifiait l'intérêt général à l'intérêt particulier en se refusant à arrêter l'auteur présumé d'un crime sous le prétexte que la certitude de la culpabilité pourrait seule motiver son intervention?

Ce que nous avons dit de la réparation morale est vrai de l'indemnité. Le principe de la responsabilité de la Société ne réside pas dans une faute mais dans un dommage.

« Certes, disait M. de Ramel à la Chambre des Députés, le 5 janvier dernier, il ne faut pas entraver les facilités données au juge d'instruction pour la recherche des criminels... Mais il faut aussi cependant, quand l'intérêt supérieur de la Société commande de prendre des mesures attentatoires à la liberté individuelle, donner une compensation à cette liberté violée... Si, dans l'intérêt de la Société, il faut que le magistrat puisse arrêter quelqu'un sans la certitude qu'il arrête le coupable — cela se fait tous les jours et c'est nécessaire pour la marche de l'instruction — si l'intérêt social commande qu'il fasse ces arrestations, qu'il maintienne sous votre main ceux qui lui paraissent les coupables, alors qu'il n'en est pas sûr, il faut cependant qu'on puisse, lorsqu'ils sont relâchés, leur donner la compensation nécessaire pour la privation de salaire, de pain même pour leur famille, dont l'arrestation a été la cause (1) ».

Bentham est peut-être l'auteur qui a affirmé le plus énergiquement la dette de la Société, quand il a écrit :

« Une erreur de la justice est déjà par elle-même un sujet de deuil, mais que cette erreur une fois connue ne soit pas réparée par des dédommagements proportionnels, c'est un renversement de l'ordre social. Le public ne doit-il pas suivre les règles d'équité qu'il impose aux individus ? N'est-il pas odieux qu'il se serve de sa puissance pour exiger sévèrement ce qui lui est dû, et pour se refuser à restituer ce qu'il doit lui-même ? Mais cette obligation est si évidente qu'on l'obscurcit en voulant la démontrer (2)».

Certains esprits, sous prétexte de faire ressortir davantage le caractère impérieux de la dette de la Société, ont imaginé un prétendu contrat qui serait intervenu entre elle et chacun de ses membres. Sans réfuter l'hypothèse du contrat social, hypothèse fausse au point de vue historique et philosophique, qui pourrait croire sérieusement ici à l'existence d'un contrat aux termes duquel les hommes auraient exigé et obtenu de la Société la promesse de garanties illimitées et capables de prévenir toute erreur ? L'équité, la justice naturelle, voilà le vrai fondement de l'obligation de la Société.

Cette remarque faite, il convient d'ajouter que le prin-

(1) *Journal officiel* du 6 janvier 1892.

(2) *Traité de législation civile et pénale*, t, II, ch. 18. Comp. cette phrase de Duport à l'Assemblée constituante, en 1790 : « Cette indemnité est une dette de la Société..., elle doit l'acquitter, car tous les hommes rassemblés ne sont pas plus dispensés d'être justes qu'un seul homme. »

cipe de cette obligation a été écrit dans la loi positive
elle-même. Les dispositions qu'on a invoquées à l'appui
de ce sentiment sont nombreuses. J'énumérerai d'abord
celles qui paraissent devoir être écartées.

On a argumenté de l'article 1382 du Code civil. Ce texte
rappelle et consacre une règle d'équité naturelle, lorsqu'il
déclare que tout fait quelconque de l'homme qui cause à
autrui un dommage oblige celui par la faute duquel il est
arrivé à le réparer. Comment appliquer cet article dans
l'hypothèse (et c'est la plus fréquente) où le magistrat
instructeur n'a commis ni faute ni négligence ?

L'erreur de la justice n'a alors d'autre cause que la faillibilité humaine ; elle peut être assimilée à l'événement de
force majeure, au cas fortuit, qui, aux termes de la loi civile, sont exclusifs de toute responsabilité.

Le même motif sert à repousser l'analogie qu'on a voulu
chercher dans la loi du 10 vendémiaire an IV sur la responsabilité civile des communes, lorsque des délits ont été
commis à force ouverte ou par violence sur leur territoire
par des attroupements et rassemblements armés ou non
armés. Cette responsabilité repose encore sur l'idée de
faute et elle cesse quand la commune a pris toutes les
mesures en son pouvoir à l'effet de prévenir les rassemblements.

L'accusateur privé qui succombe peut être condamné à
des dommages-intérêts envers le prévenu acquitté. Mais
l'article 358 du Code d'instruction criminelle qui édicte
cette règle ne saurait atteindre l'Etat. A la différence du
simple particulier qui, n'étant jamais tenu d'accuser un de
ses concitoyens, est inexcusable s'il dénonce à la légère
un innocent ou s'il porte plainte contre lui, l'Etat est
obligé, dans l'intérêt général, d'agir promptement et d'ar-

rêter ceux que de simples soupçons désignent comme les auteurs du trouble apporté à l'ordre public. En cas de flagrant délit, l'article 40 du Code d'instruction criminelle fait un devoir au procureur de la République de saisir les prévenus contre lesquels il n'existe que des indices graves. Donc absence de faute et de responsabilité de la part de la Société.

Certains criminalistes, Dupin, Bonneville de Marsangy, Faustin Hélie ont voulu tirer argument de la condamnation de l'inculpé aux frais. « Si la Société, écrit ce dernier, se reconnaît le droit de demander une indemnité pour les frais de poursuite à celui de ses membres qui a donné lieu à ces poursuites par son délit, elle doit reconnaître à l'accusé dont l'innocence est proclamée le droit non moins évident d'en exiger une lui-même (1) ». La déduction ne nous paraît point logique. L'inculpé déclaré coupable, est condamné aux frais et à l'amende à titre de peine, en conséquence de la faute qu'il a commise. L'indemnité que la Société doit équitablement payer à l'innocent poursuivi à tort ne saurait être considérée comme une peine, la Société n'étant intervenue que dans le but de protéger l'ordre public troublé par un crime.

Mais il est d'autres circonstances, Messieurs, dans lesquelles la loi et la jurisprudence ont proclamé le devoir de l'Etat de dédommager les particuliers des sacrifices qu'il leur impose dans l'intérêt général. Nous emprunterons ici encore une citation à M. de Ramel : « Tous les jours, est-ce que vous n'atteignez pas des citoyens dans leur propriété privée ? Au moment des grandes manœuvres on passe sur les champs, pour un travail public on occupe temporairement un terrain, on en extrait des matériaux,

(1) *Théorie du Code pénal*, 6ᵉ édition, t. I, nᵒ 143.

mais on répare le dommage souffert. Enfin, depuis l'expropriation jusqu'à la plus légère atteinte à la propriété privée, vous donnez une indemnité parce que vous dites : j'ai
violenté votre droit de propriété exclusif et privatif, je
vous dois réparation (1) ».

En ce qui touche l'expropriation, M. Worms est d'un
avis différent. Suivant lui, « l'Etat ne sort de son inac-
tion que parce que cela lui convient, parce qu'il y voit pré-
sentement, tout bien considéré, un avantage pour la
chose publique. Que si l'intérêt privé ne doit pas alors
faire obstacle aux entreprises commandées par l'intérêt
général, il n'y a cependant pas non plus de raison pour
que l'intérêt privé soit sacrifié à l'intérêt général sans
une compensation correspondante et que l'Etat s'enri-
chisse aux dépens d'un particulier. Ainsi l'expropriation
est volontaire, pesée, préméditée, et le renoncement de-
mandé au propriétaire comporte des évaluations très ap-
proximatives. Les choses se présentent différemment
quand un méfait a été commis. La Société en a été profon-
dément troublée ; l'agitation, l'inquiétude persisteront
tant qu'on ne pourra pas compter sur le châtiment du
coupable. A partir du moment où la violation de la loi s'est
répandue, un devoir s'est imposé à l'autorité qui ne peut
s'y soustraire sans forfaire à sa mission, sans perdre sa
raison d'être. Il faut qu'elle rassure les citoyens, et, pla-
cée dans ces conditions qui la poussent en avant, qui lui
interdisent l'inertie sous peine de responsabilité certaine
cette fois, quoi d'étonnant s'il lui arrive de s'égarer parfois,
de faire fausse route avec les meilleures intentions du
monde (2) ? »

(1) *Journal Officiel* du 6 janvier 1892.
(2) *De l'Etat au regard des erreurs judiciaires.*

Cette argumentation est-elle bien exacte ? Qu'elle accomplisse un devoir ou qu'elle exerce un droit, qu'elle intervienne volontairement ou sous l'empire d'une nécessité publique, la Société n'en est pas moins obligée de réparer le préjudice causé. S'il est injuste que l'Etat me dépouille de mon bien sans me payer une indemnité, l'est-il moins qu'il me prive de la liberté, qu'il m'arrache à mes affaires, à la famille dont j'étais peut-être l'unique soutien, sans m'offrir la moindre compensation ?

Toutefois, il y a lieu de reconnaître, Messieurs, que l'analogie ne saurait être poussée trop loin. L'expropriation est une vente, l'Etat y joue le rôle d'acquéreur, l'indemnité qu'il paie représente le prix de l'immeuble, elle est préalable à l'entrée en possession. Au contraire, l'Etat qui arrête un prévenu supposé coupable mais peut-être innocent, n'achète pas sa liberté et ne lui doit qu'une réparation à déterminer au moment où la liberté est recouvrée et l'erreur reconnue.

Bien plus frappante et plus exacte est l'assimilation qu'on peut établir entre la réparation due à l'innocent et l'indemnité allouée pour dommages causés par l'exécution de travaux publics.

« En matière de travaux publics, écrit M. Laferrière, l'administration, restant dans la limite de ses droits et même remplissant des obligations qui lui sont légalement imposées, n'en est pas moins tenue de réparer les dommages qu'elle cause aux propriétés par des travaux d'intérêt général... La jurisprudence admet même que la responsabilité de l'Etat peut subsister dans le cas de force majeure (1) ». Les raisons principales de cette responsabilité

(1) *Traité de la juridiction administrative*, t. II, p. 150. Une jurisprudence récente du Conseil d'Etat décide que l'Etat doit une indemnité

sont : 1º les forces exceptionnelles que l'Etat met en jeu ;
2º les ressources presque indéfinies dont il dispose ; 3º le
profit que l'ouvrage public assure à la collectivité. Or, si
le prévenu innocent ne peut alléguer que la Société ait
profité de l'arrestation dont il a été victime, il a certainement le droit de demander compte du préjudice que lui a
causé l'exercice de cette prérogative exceptionnelle qui
met la liberté des citoyens entre les mains du Pouvoir judiciaire. Le droit de l'innocent n'est-il pas égal à celui du
propriétaire lésé ? L'un et l'autre n'ont-ils point souffert
d'un acte de la puissance publique, acte légitime et même
nécessaire dans les deux hypothèses ?

Mais, a-t-on objecté, l'administration de la justice est
une manifestation de la souveraineté.« La responsabilité,
d'après M. Laferrière, est nulle quand la fonction de l'Etat
confine à la souveraineté, c'est pourquoi nous avons vu,
ajoute cet auteur, que ni les actes législatifs, ni les actes
de gouvernement, ni les faits de guerre, ne peuvent donner lieu à une action en responsabilité contre l'Etat,
quelles que soient les fautes imputées à ses représentants.
Il en est de même des erreurs judiciaires, car l'adminis-
tratiou de la justice est, elle aussi, une manifestation de
la souveraineté (1). »

Faut-il répondre, Messieurs, que tout acte de la puissance publique est dans un certain sens une manifestation
de la souveraineté ? Que l'expropriation pour cause d'uti-

lorsqu'il tarit les sources ou assèche les puits des propriétés voisines
en creusant un tunnel ou une tranchée. (Voir notamment C. Et. 11 mai
1883 : Lebon, p. 479). La même jurisprudence ne tardera peut-être pas à
être étendue aux dérivations de sources pour l'alimentation des villes ;
elle a eu pour défenseurs M. Picard (*Traité des Eaux*, t. I, p. 164) et M. le
Commissaire du Gouvernement Gomel (Lebon, 1886, p. 93).

(1) *Traité de la juridiction administrative*, t. II, p. 174.

lité publique, le fait de tarir une source ou d'assécher un puits participent du pouvoir souverain de la Société et cependant donnent naissance à une action en responsabilité contre l'Etat ? Ou encore qu'il y a une grande différence entre les erreurs judiciaires d'une part, et les actes des pouvoirs législatif et exécutif et les faits de guerre, d'autre part ? Que la mission de l'autorité judiciaire étant d'assurer à chaque citoyen bonne et égale justice, lorsqu'il y a certitude d'erreur, c'est-à-dire injustice commise, l'Etat ne saurait laisser sans réparation le préjudice causé ? Que le législateur, et, exceptionnellement, le Pouvoir exécutif, lorsqu'ils interviennent légitimement en vue du bien public, ne peuvent, au contraire, être taxés d'injustice envers le citoyen auquel ils causent un dommage et ne sauraient par suite être tenus en justice à la réparation de ce dommage? Que les faits de guerre enfin supposent une situation anormale, dans laquelle l'Etat n'est plus maître de ses décisions ? A quelque point de vue qu'on se place, l'objection n'est pas fondée.

Comment accueillir davantage cette opinion, que l'indemnité serait une pure faveur, une mesure gracieuse, dépendant uniquement du bon plaisir de l'Etat? Jules Favre a écarté d'un mot cette théorie : « Vous voulez la faculté, quand le droit existe (1) ! » Quand l'erreur est démontrée, c'est une insulte à la victime que de l'obliger à demander au gouvernement cette sorte d'aumône. Ce serait en outre substituer l'arbitraire à la justice.

Les objections qu'on a prétendu tirer des inconvénients

(1) *Moniteur* du 12 mai 1867. Jules Favre ne songeait qu'à la revision mais les mêmes raisons de décider existent dans tous les cas d'erreur au préjudice d'un innocent.

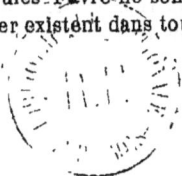

2

pratiques d'une réforme favorable aux victimes des erreurs judiciaires ne nous retiendront que quelques instants.

L'indemnité allouée à l'innocent, dit-on en premier lieu, porterait atteinte à la considération de la magistrature. Non, parce que les dommages-intérêts ne sont pas accordés comme réparation d'une faute commise par le juge, mais comme dédommagement du préjudice résultant d'une erreur même involontaire. Si le prestige de la magistrature pouvait être diminué, il le serait moins par l'allocation d'une indemnité que par l'acquittement qui démontre l'inutilité de la poursuite (1).

La seconde objection est tirée de la distinction qui serait faite entre les prévenus acquittés ; elle a été réfutée.

La troisième est d'ordre purement financier. On demande grâce pour le budget de l'Etat, si obéré que ce serait pitié de lui imposer une nouvelle charge. Cette objection n'attaque pas le principe même de l'indemnité, et elle n'est pas d'ailleurs sans réponse. Les chiffres suivants sont empruntés aux travaux que MM. Bernard, avocat général à la Cour de Dijon, et Pascaud, conseiller à la Cour de Chambéry, ont publiés dans la *Revue critique de Législation et de Jurisprudence* en 1870 et en 1888. Les auteurs de ces deux études ont interrogé les statistiques de trois pays où une indemnité est accordée aux prévenus innocents relaxés après acquittement ou même après ordonnance de non-lieu.

---

(1) On a prétendu quelquefois que, si la déclaration d'innocence devait avoir pour conséquence la condamnation de l'Etat aux dommages-intérêts, les magistrats hésiteraient à la prononcer et motiveraient plutôt l'acquittement sur l'insuffisance des charges relevées contre le prévenu. Nous ne ferons pas aux représentants de la magistrature l'injure de les croire capables d'un tel déni de justice dont la responsabilité serait en tout cas imputable à eux seuls et non à la réforme proposée.

M. Bernard nous apprend que les indemnités accordées
en 1868, dans le canton de Berne, ont atteint la somme de
3,955 francs ; le nombre des prévenus reconnus innocents
a varié entre le 1/5 et le 1/10 de ceux qui ont été acquittés
ou relaxés.

Dans le canton de Vaud, l'Etat, d'après M. Pascaud,
« n'a payé en 1881 que 441 francs à cinq personnes, en
1882 que 994 fr. 20 à dix personnes, et en 1883 que 140
francs à huit personnes. En 1885, 7 prévenus qui ont bénéficié de décisions de non-lieu ont obtenu 175 francs ; en
1886, 4 prévenus ont reçu 185 francs d'indemnité. »

« Il ne semble pas, ajoute le même auteur, que cette
législation (la législation du canton de Neuchâtel) soit bien
onéreuse pour le canton, puisqu'un seul acquitté a obtenu
de 1875 à 1883, une indemnité de 500 francs et que la
chambre d'accusation, durant le même laps de temps, a
accordé des dommages-intérêts à quatre prévenus seulement pour une somme totale de 1,428 fr. En 1885 et 1886,
aucun condamné n'a été indemnisé et deux personnes re-
laxées par des décisions de non-lieu ont touché 35 francs
de dommages-intérêts seulement. Et cependant, chaque
année, on instruit environ mille affaires criminelles, cor-
rectionnelles ou de police. »

Ces chiffres n'ont rien pour nous étonner. La preuve de
l'innocence se produit rarement après une information ré-
gulière dans laquelle la détention a été jugée indispen-
sable. Si l'on en est réduit à des conjectures en ce qui
touche la France, il est permis, du moins, d'affirmer sans
présomption que l'Etat n'aurait pas à supporter une bien
lourde charge. D'après la statistique de l'année 1888, sur
122,108 individus, 9,003 (soit 7 0/0) ont vu leur détention
préventive finir par des décisions de non-lieu ou d'acquit-

tement. Fixer au tiers le nombre des prévenus dont l'innocence a été établie, c'est dépasser la réalité; on obtient ainsi un total de 3,000 individus. La plupart n'ont pas subi une incarcération supérieure à huit jours; 100 francs représenteraient plus que la valeur moyenne du préjudice éprouvé par chacun d'eux. L'Etat qui a touché en 1888 3,277,750 francs avec le produit des amendes de justice, ferait face sans difficulté au paiement de 300,000 francs.

Un mot des conditions dans lesquelles la réparation des erreurs judiciaires devrait être admise.

Si la déclaration d'innocence et l'indemnité sont deux dettes de la Société, elles ne sont légitimes que dans le cas où le prévenu s'est non seulement justifié, mais encore n'a pas provoqué par sa faute les soupçons qui ont motivé la poursuite.

Il n'y aura pas de réparation pour celui qui ne doit son acquittement qu'au doute planant sur sa culpabilité, ni pour celui qui, tout en étant absous par la loi pénale, a commis un acte défendu par la morale.

L'innocence de la victime morte ou disparue sera néanmoins proclamée et l'Etat dédommagera sa famille du préjudice matériel quelle aurait souffert et dont elle justifierait.

II

Mais il est temps, Messieurs, de vous montrer, par l'exemple des législations étrangères, quel mouvement d'opinion important s'est formé en faveur des victimes des erreurs judicaires.

Depuis le commencement du siècle, c'est en quelque sorte une poussée formidable. Ce n'est pas à dire qu'en remontant à une époque plus reculée on trouverait les innocents injustement sacrifiés. Dans son ouvage intitulé : « Histoire et Revision du procès Lesurques, » M. Bertin, avocat à la Cour d'appel de Paris, rapporte que Venise, alors maîtresse des mers, donna ce mémorable exemple d'une nation qui sait réparer les erreurs de ses magistrats. Un boulanger, soupçonné d'avoir assassiné un noble vénitien, est arrêté et condamné. Après sa mort, on découvre le coupable. Le Sénat s'empresse de rendre l'honneur à la mémoire de l'innocent, une messe est fondée à perpétuité pour le repos de son âme, la République se déclare la tutrice de ses enfants, les juges qui l'ont condamné prennent le deuil et l'on inscrit dans la salle des audiences criminelles cet avertissement solennel qu'un huissier répétera à haute voix avant la lecture de chaque sentence : « Ricordate vi del povero fornaro » (souvenez-vous du pauvre boulanger).

Abstraction faite d'une mise en scène aujourd'hui passée de mode, les Gouvernements modernes ne perdraient rien à imiter la sollicitude de la République de Venise en ce qui touche les intérêts de ses sujets.

Le principe de la réparation des erreurs judiciaires est

admis dans les pays suivants : cantons suisses de Bâle (1), Berne (2), Fribourg (3), Genève (4), Neuchâtel (5), Vaud (6), Argovie (7), Suède (8), Danemark (9), Portugal (10), Bavière (11), Autriche (12), Mexique (13), Etats-Unis du Brésil (14).

L'Autriche, la Bavière, le Portugal, les cantons de Genève et d'Argovie, le Brésil, n'accordent d'indemnité que dans le cas de revision de la sentence de condamnation ; le Mexique admet que l'acquittement fondé sur l'innocence donne droit à des dommages-intérêts; les autres Etats, plus libéraux et plus logiques, permettent à tous les innocents acquittés ou relaxés après ordonnance de non-lieu de réclamer la réparation pécuniaire du préjudice qu'ils ont éprouvé.

La Suède, les cantons de Fribourg, de Neuchâtel et de Vaud ne considèrent l'indemnité que comme simplement facultative ; en Danemark et dans le canton de Berne, cette indemnité est de droit pour le prévenu libéré ou acquitté lorsqu'il a justifié de son innocence ; dans le canton de

(1) Loi du 9 décembre 1889,

(2) Code pénal de 1854.

(3) Code de procédure pénale du 20 septembre 1873.

(4) Code de procédure pénale du 25 octobre 1884.

(5) Code de procédure pénale du 21 mai 1875.

(6) Code de procédure pénale du 15 mars 1850.

(7) Loi du 7 juillet 1886.

(8) Loi du 12 mars 1886.

(9) Loi du 5 avril 1888.

(10) Code pénal du 16 septembre 1886.

(11) Lois de finances.

(12) Loi du 16 mars 1892.

(13) Code pénal du 15 septembre 1880.

(14) Code pénal du 11 octobre 1890.

Bâle enfin, elle est facultative en cas d'acquittement, obligatoire s'il y a eu abandon des poursuites.

La plupart des législations de ces pays transmettent le droit du prévenu au conjoint et aux descendants.

Sauf quelques modifications que j'indiquerai à leur place, je m'en référerai à la loi promulguée en Danemark le 5 avril 1888.

L'article premier est ainsi conçu : « Celui qui, après avoir été soumis à la détention préventive, est ensuite acquitté ou mis en liberté sans que l'affaire soit poursuivie jusqu'au jugement, a droit à une indemnité à fixer par le juge, pour le tort, le préjudice et la perte pécuniaire qu'il a subis par suite de la privation de sa liberté, lorsqu'il résulte nécessairement des explications fournies qu'il était innocent du délit pour lequel il a été détenu. »

L'article contient, en outre, cette disposition que nous ne saurions approuver parce qu'elle tend à affaiblir l'autorité de la loi et à dédommager un coupable : « A également droit à pareille indemnité celui qui a été soumis à la détention préventive à raison d'une inculpation relative à un fait réprimé par la loi pénale mais n'entraînant pas une peine supérieure à l'amende et à l'emprisonnement simple. »

Si l'innocent a droit à des dommages-intérêts, il serait toutefois excessif de lui conserver ce droit quand il a lui-même provoqué les poursuites et la détention par sa faute. L'article 2 admet logiquement cette réserve. Il y ajoute une distinction moins logique en accordant au prévenu dont la conduite suspecte a pu être déterminée par la peur, le trouble ou une erreur excusable une indemnité mais une indemnité « réduite en proportion ». Si la conduite du prévenu est excusable, nous ne voyons pas de motif

de lui faire supporter les conséquences d'un trouble involontaire et qui peut s'expliquer facilement.

Le Code pénal du canton de Berne permet d'allouer des
dommages-intérêts même au prévenu renvoyé des poursuites à défaut d'indices suffisants de sa culpabilité. On ne
saurait comprendre semblable libéralité.

En Danemark et dans le canton de Bâle, l'Etat a un recours contre les juges et les fonctionnaires coupables
d'abus d'autorité ou d'erreur grossière.

En Suède, il a une action contre les auteurs responsables de l'emprisonnement ou du jugement.

Dans ce dernier pays, c'est le roi qui statue directement
sur les demandes d'indemnité; partout ailleurs l'autorité
judiciaire est compétente.

En Danemark, s'il intervient un jugement sur la poursuite, c'est par le jugement même que l'indemnité est réglée; en tout autre cas, la demande de dommages-intérêts
pour détention préventive fait l'objet d'une instance civile
(article 3 de la loi de 1888). La décision du juge de première instance peut être frappée d'appel par l'intéressé
comme par le ministère public, sans limitation de somme
(même article).

Dans le canton de Berne, s'il y a une ordonnance de
non-lieu, c'est le juge d'instruction qui liquide immédia-
tement les dommages-intérêts sous réserve de recours à
la Chambre d'accusation; à Fribourg et à Neuchâtel, l'indemnité est allouée par la Chambre d'accusation; dans le
canton de Vaud, par le Tribunal d'accusation.

A Bâle, « si la libération et l'achèvement de l'instruction sont l'œuvre de la police, c'est à la police qu'il appartiendra aussi de prononcer sur l'indemnité à allouer,

autrement on s'adressera à l'autorité chargée de prononcer le renvoi. »

Dans le canton de Vaud, l'indemnité ne peut être accordée qu'à l'unanimité, mais la quotité en est déterminée par la majorité.

Dans toutes les législations, le délai pour intenter l'action est très court. D'un an en Danemarck et en Suède, il est réduit à quinze jours dans les cantons de Bâle, de Fribourg, de Neuchâtel et de Vaud.

Hormis le cas de revision où la sentence affichée et publiée réintègre l'accusé dans tous ses droits, en général il n'existe pas de texte sur la réparation morale due aux victimes des erreurs judiciaires.

L'article 247 du Code de Procédure pénale du canton Neuchâtel constitue une louable exception. En cas d'acquittement correctionnel le jugement, dit cet article, doit indiquer si l'accusé est absous faute de preuves, purement et simplement, ou parce que le fait n'est pas qualifié délit.

L'article 205 du même Code déclare que « le prévenu qui a été l'objet d'un arrêt de non-lieu peut toujours exiger d'être soumis à un jugement. » « L'affaire est appelée dans la plus prochaine session du jury ou dans la plus prochaine séance du Tribunal correctionnel..... Dans ce cas, la question de l'indemnité est ajournée jusqu'après le jugement définitif et elle est réglée par le Tribunal. » La déclaration d'innocence par le magistrat instructeur est bien préférable.

Pour compléter ce tableau très raccourci de la législation étrangère, il convient de mentionner la Belgique et l'Allemagne.

En Belgique, la question semble dominée aujourd'hui

par des préoccupations plus graves. Elle a été portée devant le Parlement à plusieurs reprises, en 1859, 1862, 1864, 1872, 1884 et 1890. En 1884, un projet de loi déposé par M. Robert a été pris en considération (1); depuis cette époque, aucune solution n'est intervenue.

En Allemagne, de sérieuses études législatives ont été faites, plusieurs projets présentés et examinés par une commission du Reichstag. Les travaux de cette commission, réunis et publiés en 1883 par le docteur Schwarze (2), forment un document des plus instructifs où les arguments des partisans de l'indemnité sont exposés avec une grande force, les objections des adversaires réfutées avec précision. Le projet de la Commission ne comprend pas moins de 21 paragraphes. Je ne citerai que le premier : « On peut accorder au prévenu mis hors de poursuite ou acquitté une indemnité pour le dommage qu'il a subi par la prison préventive dans ses affaires de fortune, son industrie, sa prospérité, si la mise hors de poursuite ou l'acquittement du prévenu a été prononcé parce que l'action dont on l'accuse n'a pas été commise, ou ne l'a pas été par lui, ou parce que les preuves apportées contre lui comme auteur de cette action ont été écartées. »

L'ensemble des documents résumés dans les pages précédentes fait naître la conviction que la réparation plus ou moins large des erreurs judiciaires ne tardera pas à être admise par tous les Etats. L'exemple des cantons suisses montre d'ailleurs combien est injuste cette observation de M. Worms que le principe d'indemnité est l'in-

---

(1) Mémoire lu par M. Pascaud au congrès des Sociétés savantes de 1888 et publié dans la *Revue critique de législation et de jurisprudence* de la même année.

(2) Dʳ Friedr. von **Schwarze**, *Die Entschädigung für unschuldig erlittene Untersuchungs- und Strafhaft*, Leipzig, 1883.

dice d'un état inférieur de civilisation, qu'il a sa place dans un pays soumis à une organisation tyrannique et qu'on ne le trouve pas appliqué dans les nations républicaines où le droit public et les institutions sociales ont atteint un certain degré de perfection.

Cette appréciation, contredite par l'histoire, ne serait pas faite pour encourager l'initiative du gouvernement actuel de la France. Heureusement, la question vient d'être nettement posée devant le Parlement qui, par un premier vote, l'a résolue dans le sens que réclament l'équité et l'humanité.

Dès le XVIe siècle, Messieurs, l'attention des pouvoirs publics avait été éveillée sur les conséquences déplorables des erreurs de la justice. L'ordonnance de Villers-Cotterets d'août 1539 porte « que les juges qui seront trouvés avoir fait fautes notables en l'expédition desdits procez criminels..... seront condamnés en tous les dommages et intérêts des parties (art. 141 et 142). »

Plusieurs Parlements, celui de Toulouse notamment (1), mirent à la charge de l'Etat les dommages-intérêts alloués aux inculpés reconnus innocents.

En 1781, la Société des Arts et Belles-Lettres de Châlons-sur-Marne couronna deux mémoires où était affirmé le droit de toute personne relaxée des poursuites d'obtenir une indemnité.

Sept ans plus tard, on pouvait lire en tête de l'ordonnance du 1er mai sur l'administration de la justice cette belle déclaration signée de Louis XVI : « Nous avons considéré que les précautions qu'exige la sûreté publique obligeoient quelquefois nos Tribunaux de suivre, dans la recherche des crimes, des indices trompeurs et les expo-

(1) Soulange, *Traité des crimes*.

soient à confondre d'abord les innocents et les coupables.
Cependant, après que, sur de fausses apparences, nos
sujets ainsi traduits en justice ont subi les rigueurs d'une
poursuite criminelle, s'il n'y a point de partie civile au
procès sur laquelle tombent les dépens, nos Cours les dé-
chargent, il est vrai, de toute accusation et les renvoient
absous, mais elles ne font pas imprimer et afficher au
nom de la loi ces arrêts d'absolution qui doivent les réin-
tégrer dans l'opinion publique. *Nous désirons et nous
espérons pouvoir leur procurer dans la suite les dédommagements auxquels ils ont le droit de prétendre,
et nous nous réduisons avec peine, aujourd'hui, à n'accorder pour indemnité à leur innocence que la certitude
d'être solennellement reconnue et manifestée;* mais du
moins, en attendant que nous puissions compenser pleinement les dommages qu'elle aura soufferts, nous voulons
lui assurer dès ce moment dans toute son intégrité cette
réparation qui laisse encore à notre justice de si légitimes
regrets. L'honneur de nos sujets étant sous notre protec-
tion spéciale, comme la plus précieuse de leurs propriétés, c'est à nous à fournir aux frais de l'impression et de
l'affiche de ces jugements d'absolution et nous ne balan-
çons pas d'en imposer la charge à notre domaine *comme
une portion essentielle de la justice que nous devons à
nos peuples.* »

La nation ne pouvait se montrer moins généreuse que
son souverain. Les cahiers des plaintes, doléances et
remontrances des trois ordres réclamaient une indemnité
pour l'innocence reconnue ou même en faveur de tous les
accusés absous sans distinction. Je nommerai les cahiers
du clergé de Châtillon-sur-Seine, ceux de la noblesse de
Douai et de Montargis, ceux du tiers-état d'Alençon, Au-

tun, Châlon-sur-Saône, Dijon, Domfront, Etampes, Paris, Ponthieu, Provins, Senlis, Toulon et Vannes.

Le vœu du clergé de Châtillon-sur-Seine est bref et impératif : « On accordera un dédommagement à l'innocence accusée et reconnue. »

Celui du tiers-état de Senlis prévoit en termes précis la double réparation morale et pécuniaire : « Les députés requerront que, quand un accusé aura été pleinement et honorablement déchargé, il soit indemnisé et qu'aux frais du gouvernement sa justification soit rendue publique. »

Le cahier du tiers-état de Paris pose en principe que « la législation, en établissant une peine contre le coupable, doit aussi établir une réparation pour l'innocence injustement accusée. » Il admet que l'indemnité doit être prise d'abord sur les biens du dénonciateur et subsidiairement sur les fonds publics assignés pour cet objet.

Cédant à cette manifestation de l'opinion publique, Duport déposait devant l'Assemblée nationale, le 29 mars 1790, le projet suivant : « Il sera fait, sur le produit des amendes et autres deniers qui y seront appliqués, un fonds de secours pour indemniser les accusés qui auront été déchargés d'accusation et le taux de l'indemnité sera fixé par les jurés dans chaque affaire. »

La discussion s'ouvrit le 4 février 1791. Défendue par Régnier, la proposition du député de Paris fut combattue par Buzot, Martineau, Lanjuinais et rejetée.

Cet échec s'ajoutant à des préoccupations d'ordre supérieur, plus d'un demi-siècle s'écoule avant que le Parlement soit saisi à nouveau.

Le 11 mai 1867, M. Maurice Richard profite de la discussion du projet de modification du Code sur la revision des procès criminels pour déposer un amendement par lequel il demande qu'une réparation, équivalente au mal éprouvé, soit allouée aux personnes indûment poursuivies. Il conclut à ce triple dédommagement : restitution des frais payés par le condamné, publication de l'arrêt de réhabilitation, compensation pécuniaire.

De ce dernier chef, l'amendement est combattu par le rapporteur, M. Nogent Saint-Laurens, et par M. Baroche, garde des sceaux. Jules Favre et M. Emile Ollivier le défendent avec éloquence, mais ne peuvent empêcher le rejet, qui est prononcé par 111 voix contre 74.

Le silence se fait ensuite jusqu'en 1883. A cette date, M. Pieyre, député, dépose un projet que l'exagération même de ses dispositions vouait à un échec certain. Le juge d'instruction aurait été rendu responsable de toutes les poursuites erronées et, mieux encore, des condamnations injustes. Je relève toutefois dans ce projet l'idée de confier à une commission de jurés la mission de fixer en dernier ressort le montant des indemnités.

De 1883 à 1890, la question ne fait pas de progrès sur le terrain parlementaire, mais nous avons à signaler, outre les mémoires de M. Nicolas et de M. Pascaud au Congrès des Sociétés savantes, deux discours de rentrée, l'un de M. Oudin, substitut du procureur général à Rennes, en 1884, l'autre, de M. Molines, avocat général à Chambéry, en 1885.

L'année 1890 est marquée par le dépôt de trois projets de loi à la Chambre des Députés.

Les deux premiers, signés de MM. Laguerre, Reinach, et de cinquante-six de leurs collègues, ne visent que le cas de revision.

Le troisième projet, qui a pour signataires MM. Chiché, Léveillé et cinq de leurs collègues, pose un principe général : « Toute personne victime d'une arrestation, d'une poursuite judiciaire ou d'une condamnation reconnue erronée, a droit à une indemnité égale au préjudice matériel et au préjudice moral qu'elle a subis. » (Art. 1er).

L'autorité compétente pour fixer cette indemnité est : 1º le Tribunal civil, quand il y a mise en liberté, abandon des poursuites ou ordonnance de non-lieu (art. 2) ; 2º le Tribunal correctionnel ou la Cour d'Assises après acquittement (art. 3) ; 3º la Cour de Cassation, s'il y a revision (art. 4).

La victime de l'erreur a seule le droit d'appel (art. 5).

L'article 6 ouvre un recours au Trésor public contre « tous ceux qui, par leurs dénonciations faites à la légère ou méchamment, par leurs témoignages malveillants ou inconsidérés auront contribué à égarer la justice. »

Ce dernier projet, de beaucoup le plus logique et le plus équitable, avait été écarté par la majorité de la Commission. Mais il fut repris dans ses dispositions essentielles, par MM. Bovier-Lapierre, de Ramel et Pontois. Le 5 janvier 1892, 268 voix contre 241 prononcèrent le renvoi à la Commission.

Le 7 avril suivant, la Chambre vota sans discussion une « proposition de loi concernant la réparation des erreurs judiciaires » dont l'esprit est très libéral.

L'article unique porte modification des articles 443, 444 445 et 446 du Code d'instruction criminelle.

La revision tout d'abord devient plus facile et donne au condamné le droit de réclamer des dommages-intérêts.

Elle peut « être demandée en matière criminelle ou correctionnelle, quelle que soit la juridiction qui ait statué et la peine qui ait été prononcée » dans les trois hypothèses prévues par l'article 443, et en outre: 1º alors même que l'auteur signalé d'un délit ou d'un crime à l'occasion duquel a été prononcée une première condamnation ou que le témoin soupçonné de faux témoignage ne peuvent plus être poursuivis ou condamnés par suite de décès, de prescription, d'irresponsabilité pénale ou d'excusabilité ; « 2° lorsqu'un fait vient à se produire ou à se révéler, d'où paraît résulter la non-culpabilité de celui qui a été con- damné ».

Ou a observé avec raison, Messieurs, que la mention du premier cas était inutile et dangereuse. Une rédaction générale visant la découverte de faits ou de pièces incon- nus des premiers juges et de nature à établir l'innocence aurait l'avantage d'embrasser tous les cas d'erreur pos- sibles en subordonnant la revision, non pas à la recherche de la culpabilité d'un tiers, mais à la démonstration di- recte de l'innocence du condamné (1).

Dans l'hypothèse où la revision dépend de la découverte de pièces ou de faits nouveaux, l'action n'appartient qu'au ministre de la justice, mesure de prudence destinée à pré- venir les demandes abusives et téméraires. En toute autre hypothèse, elle est ouverte au condamné et, après sa mort, « à son conjoint, à ses enfants, à ses parents, à ses légataires universels ou à titre universel, à ceux qui en ont reçu de lui mission expresse. »

La Chambre des députés a étendu à cinq ans le délai de deux ans imparti par le Code pour la demande de revision fondée sur une seconde condamnation inconciliable avec la première et sur la condamnation d'un faux témoin. Cette prolongation du délai a été jugée excessive. Nous

(1) Exposé des motifs du projet de loi présenté au Sénat par M. Ricard, garde des sceaux, le 28 juin 1892, et rapport de M. Jacquin, conseiller d'Etat.

inclinerions plutôt à déclarer imprescriptible l'action en revision ; on ne prescrit pas contre l'honneur. Il suffirait, au contraire, pour la demande d'indemnité, d'un délai très court, d'un mois par exemple à partir du jour où la sentence de revision a été connue ; s'agissant d'intérêts purement pécuniaires, il n'y a plus de motif de repousser la prescription, et le condamné ou ses ayant-droit, qui, après avoir obtenu la déclaration d'innocence, ajourneraient leur action en dommages-intérêts, ne sauraient se plaindre de se voir opposer une déchéance trop rigoureuse.

L'article 446 modifié est ainsi conçu : « La revision prononcée, des dommages-intérêts devront être alloués par le tribunal, la Cour ou la Cour de Cassation, à la personne victime de l'erreur judiciaire, si elle le demande. Si elle est décédée, le droit de demander des dommages-intérêts appartiendra à son conjoint, à ses ascendants, descendants et autres parents justifiant d'un préjudice matériel par le fait de la condamnation. La demande devra être formée avant l'arrêt définitif de revision. Elle sera recevable en tout état de la procédure. Si la condamnation revisée était simplement pécuniaire, l'amende et les frais indûment perçus seront restitués pour tous dommages-intérêts . . . . L'arrêt de revision sera affiché conformément à l'article 36 du Code pénal et inséré d'office au *Journal Officiel*. La publication de cet arrêt dans cinq journaux au choix du demandeur sera en outre ordonnée, s'il le requiert. »

Ces dispositions me paraissent comporter une double critique. La demande d'indemnité doit être recevable, je le rappelle, dans le délai d'un mois à partir du jour où la sentence de la revision a été connue. La restitution de l'amende et des frais, lorsque la condamnation était simplement pécuniaire, peut n'être pas suffisante s'il y a eu préjudice matériel par le fait de la condamnation et de la détention préventive.

La partie vraiment originale de la proposition de loi votée au Palais-Bourbon consiste, Messieurs, dans la proclamation du droit de toute personne poursuivie ou arrêtée injustement de demander une indemnité. Je cite le texte : « Toute personne poursuivie pour crime et délit et acquittée, toute personne arrêtée préventivement sous l'inculpation d'un crime et d'un délit, dont l'instruction sera clôturée par une ordonnance ou un arrêt de non-lieu, aura la faculté de demander une indemnité qui pourra lui être accordée : 1° dans les cas de condamnation d'une autre personne pour le même fait et de faux témoignage, conformément aux règles tracées en matière de revision ; « 2° lorsqu'il résultera de la décision mettant fin aux poursuites que le fait ne constitue ni crime ni délit, » « L'action sera introduite dans les trois ans du jour où le fait générateur du droit aura été connu de l'intéressé, par simple requête adressée à M. le président du Tribunal ou de la Cour du lieu où l'arrestation se sera produite, où l'ordonnance ou l'arrêt de non-lieu aura été rendu, où l'acquittement aura été prononcé. »

L'idée dont s'est inspirée la Chambre des députés est excellente, mais elle ne nous paraît pas exactement reproduite dans le texte précité. Le droit à indemnité ne doit pas être limité aux deux cas stipulés. Si l'on veut être logique, il faut dire : 1° que le juge sera tenu de constater l'innocence de l'inculpé chaque fois qu'elle aura été démontrée par l'instruction ; 2° que l'innocence proclamée permettra toujours de conclure au paiement d'une indemnité.

Il ne nous semble pas non plus qu'il y ait de raison d'enlever aux juridictions d'instruction compétence pour statuer sur le règlement de cette indemnité. Et nous trouvons préférable de réduire le délai de trois ans accordé pour intenter l'action.

Les diverses réformes qui viennent d'être analysées ont été soumises au Conseil d'Etat, et, à la suite de l'avis exprimé par cette assemblée, M. le garde des sceaux a saisi le Sénat, le 28 juin 1892, d'un nouveau projet qui refuse toute indemnité aux innocents acquittés ou relaxés après décisions de non-lieu. Les causes de ce refus indiquées dans l'exposé des motifs sont développées dans le rapport de M. Jacquin, conseiller d'Etat. Le Gouvernement commence par affirmer que l'œuvre de la justice, qui est une des plus hautes manifestations de la souveraineté, ne peut donner ouverture à aucun droit contre l'Etat. Il ajoute qu'il y aurait les plus sérieux inconvénients à séparer en deux catégories les individus déchargés des poursuites.

Nous croyons, Messieurs, avoir répondu à ces arguments. On observera, d'ailleurs, que le premier entraînerait logiquement le refus de toute indemnité même aux condamnés qui ont bénéficié d'une sentence de revision. Pour quelle raison le Gouvernement propose-t-il d'allouer une indemnité à ces condamnés et de la refuser aux prévenus acquittés ou déchargés des poursuites par une décision de non-lieu ? Le voici. Nous citons l'exposé des motifs : « L'Etat ne saurait avoir l'obligation juridique de réparer pécuniairement les erreurs commises par le juge ou celles qui sont occasionnées par une imperfection des lois de procédure pénale. L'Etat a seulement le devoir moral d'exercer son action bienfaisante au profit de ceux auxquels une erreur judiciaire a porté préjudice et il lui appartient de déterminer les conditions dans lesquelles il doit intervenir, comme aussi de mesurer l'étendue de ses sacrifices. Nous avons été ainsi amenés à penser que l'indemnité ne pourrait jamais être accordée que lorsqu'après revision, une condamnation aura été reconnue avoir été prononcée par erreur. Il existe, en effet, au point de vue de la gravité du préjudice, une différence considérable entre la condamnation injuste et la simple poursuite abandonnée ou non suffisamment justifiée. »

Le raisonnement est-il bien convaincant? Faut-il rappeler que l'Etat ne saurait se contenter de faire une aumône à l'innocent qui a souffert d'une condamnation ou d'une poursuite injuste? Les mots de bienfaisance, de charité, ne sont pas assez forts pour exprimer le devoir qui lui incombe. L'Etat est tenu à réparation : comment lui appartiendrait-il de déterminer les conditions de son intervention ? A-t-on jamais laissé au débiteur le soin de fixer lui-même le montant de ses dettes et le choix des créanciers envers lesquels il lui plairait de s'acquitter ? Et quel criterium propose-t-on pour juger si l'indemnité est ou non légitime? La gravité plus ou moins grande du préjudice? Mais il n'est pas impossible d'abord que dans tel cas d'acquittement ou d'abandon des poursuites le dommage ait été aussi important que dans tel cas de revision. Et ensuite, si l'on admet que le préjudice éprouvé est la cause de la réparation due, dès que ce préjudice est certain, constaté, le droit à indemnité existe. Le projet du Gouvernement le reconnaît d'ailleurs, quand il rappelle que dans l'état actuel de la législation les prévenus envers lesquels il se montre si rigoureux peuvent obtenir des dommages-intérêts contre les dénonciateurs et les parties civiles.

La conclusion de cette étude, Messieurs, sera formulée en quelques mots. Nous n'avons pas compétence pour rédiger un projet de loi et il ne peut être question que d'esquisser à traits rapides les bases d'une réglementation pratique de la matière.

La réparation morale est une dette de la société. Elle consisterait dans une déclaration prononcée *d'office* et relatant les circonstances justificatives de l'innocence. La justice s'est trompée; il est nécessaire qu'elle le proclame elle-même, sans que l'inculpé soit admis à discuter la conduite des magistrats chargés des poursuites ou de l'instruction.

Une expédition authentique de la décision serait dans un délai très bref (quinze jours ou un mois) délivrée gratuitement à l'inculpé ou à ses ayant-droit. Un extrait de cette décision serait en outre publié et affiché au lieu du domicile de l'intéressé.

Nous ne verrions pas d'autre autorité compétente que la juridiction appelée à connaître de la poursuite. En cas de revision, la déclaration d'innocence émanerait soit de la Cour ou du Tribunal de renvoi, soit de la Cour de Cassation quand le renvoi ne peut être ordonné (art. 446 et 447 du Code d'instruction criminelle).

Devant la Cour d'assises il conviendrait de la réserver, non aux jurés, auxquels la loi n'a pas cru pouvoir demander les motifs de leur conviction, mais à la Cour elle-même. Vainement on objecterait la possibilité d'un conflit entre la Cour et le jury. Ce conflit, le législateur du Code ne l'a pas redouté, sachant qu'il fallait à l'institution du jury un contrepoids; actuellement il se trouve dans la double faculté donnée à la Cour, d'une part, de ne pas prononcer de condamnation contre l'accusé déclaré coupable, lorsqu'elle a la conviction que les jurés se sont trompés au fond (art. 352), et, d'autre part, de condamner aux dommages-intérêts l'accusé reconnu innocent (art 358).

Dans le cas de décisions de non-lieu, la déclaration d'innocence émanerait du juge d'instruction ou de la Chambre des mises en accusation.

L'inculpé et le ministère public pourraient former appel contre l'ordonnance du juge d'instruction et le jugement du tribunal de 1ʳᵉ instance. La Chambre des mises en accusation, la Cour d'Appel et la Cour d'Assises, alors même que la question d'indemnité se poserait pour la première fois devant elles, statueraient en dernier ressort; les garanties qui résultent de leur organisation sont suffisantes. Il n'y aurait en aucun cas matière à pourvoi en cassation, les décisions relatives à l'indemnité étant nécessairement motivées en fait.

En ce qui touche les réparations pécuniaires, l'autorité compétente serait déterminée par les règles que nous venons de rappeler. Des auteurs ont proposé de réserver la fixation de l'indemnité au Chef de l'Etat ou à une Commission spéciale instituée auprès du ministère de la justice. Nous écartons ce système : l'indemnité est une dette de la Société, ce n'est pas au débiteur mais au juge d'en fixer le chiffre.

L'indemnité ne pourrait être allouée que sur une demande expresse formée dans le délai d'un mois à partir de la communication de la déclaration d'innocence.

Enfin, l'Etat assumerait directement la responsabilité de ses erreurs, même dans les cas où il existerait une partie civile, un plaignant, un dénonciateur, sauf son recours contre ces personnes si les poursuites et les arres-

tations leur étaient imputables (1). L'Etat seul a le droït
d'arrêter et de punir les auteurs présumés d'un fait délictueux; lorsqu'il s'est trompé, il doit réparer lui-même son
erreur. S'il en était autrement, l'équité voulant que les
parties civiles, les plaignants et les dénonciateurs ne
soient responsables que s'ils ont pris l'initiative des poursuites, le juge serait obligé de se livrer à des recherches
difficiles. Admettant la responsabilité directe de l'Etat, il
n'a plus ensuite, pour statuer sur le recours de ce dernier,
qu'à examiner si les personnes qui ont mis son action en
mouvement ont ou non commis une faute.

Messieurs,

Vous avez vu dans le cours de ce travail que la cause
des innocents injustement condamnés et poursuivis avait
été éloquemment défendue devant le Parlement par un
membre de l'Ordre des Avocats au Conseil d'Etat et à la
Cour de Cassation. Par son discours du 5 janvier dernier, auquel j'ai été heureux d'emprunter plusieurs arguments, M. Ramel a su entraîner la conviction de la
Chambre des députés.

Il est difficile de préjuger l'opinion du Sénat; mais,
quel que soit le vote définitif, l'intervention que j'ai si-
gnalée n'aura pas été inutile. Elle prouve une fois de
plus, Messieurs, qu' « une loi en harmonie avec les prin-

(1) Il ne saurait être question d'accorder à l'Etat un recours contre les
magistrats qui ont ordonné les poursuites. L'Etat les a choisis; il ne doit
pas jeter le discrédit sur les fonctions qu'il leur a confiées.

cipes d'une saine équité et d'une parfaite justice (1) »
trouvera toujours des défenseurs dans les rangs d'un Ordre qui s'honore de contribuer par sa science et ses travaux à fixer les règles du droit, hors desquelles il n'y a
point de garantie sérieuse pour le plaideur.

(1) Discours de M. de Ramel, *Journal Officiel* du 6 janvier 1892.

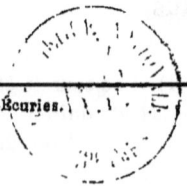

Paris.— Imp. J. MONTORIER, 15, cour des Petites-Écuries.